Pierre Barrot
Jean-Paul Hémon

Nous, les **enfants** de 1938

De la naissance à l'âge adulte

Éditions Wartberg

Mentions légales

Crédits photographiques :
Archives Jean-Paul Hémon, p. 4-5, 9b, 10-11, 13-14, 16-17, 22, 24-26, 29, 31-32, 36, 38, 39g, 40-41, 42h, 45-47, 49-51, 53-54, 56, 59h, 61-63.
Archives famille Barrot, p. 27-28, 33b, 35, 59b.
© Picture-alliance / dpa, p. 23 ; Picture-alliance / maxppp, p. 19.
© Ullstein bild, p. 33h, 44, 48, 55, 60 ; Ullstein bild – Imagno, p. 6-7, 9h ; Ullstein bild – Heinrich Hoffman, p. 8 ; Ullstein bild – KPA, p. 12 ; Ullstein bild – SV-Bilderdie, p. 15 ; Ullstein bild – LEONE, p. 20b, 21 ; Ullstein bild – Carl Seeger, p. 39d ; Ullstein bild – Kindermann, p. 42b ; Ullstein bild – Wolff & Tritschler, p. 58.
© Roger-Viollet, p. 37, 43 ; LAPI / Roger-Viollet, p. 18 ; Henri Martinie / Roger-Viollet, p. 20h ; Studio Lipnitzki / Roger-Viollet, p. 34 ; Bernard Lipnitzki / Roger-Viollet, p. 52.

Nous remercions tous les ayants droit pour leur aimable autorisation de reproduction. Dans le cas où l'un d'eux n'aurait pu être joint, une provision de droits est prévue.

5e édition, 2013

40, rue de l'Échiquier
75010 Paris

Un département de
Wartberg Verlag GmbH & Co. KG.
Im Wiesental 1
34281 Gudensberg-Gleichen
Allemagne

Conception graphique : Ravenstein & partenaires, Verden.
Imprimé en Allemagne sur les presses de Thiele & Schwarz, Kassel.

ISBN : 978-3-8313-2538-2

Préface

Chers enfants de 1938,

En 1938, nos mères chantaient naïvement : « Qu'est-ce qu'on attend pour être heureux ? » Elles croyaient à la paix. Sinon, nous auraient-elles mis au monde ? Bien malin qui aurait pu prévoir tout ce qui allait tomber sur nos têtes. En cette année 1938, un Anglais trapu à tête de bouledogue avait pourtant tout prévu : on était prêt au déshonneur pour avoir la paix ; on aurait donc le déshonneur et la guerre.

L'année suivante, nous étions trop jeunes pour entendre l'appel qui commençait par « Allons, enfants... » Les enfants qu'on appelait étaient nos pères. Les voilà partis combattre les « féroces soldats » du Reich, en chantant crânement *La Marseillaise* : « Quoi ! Des cohortes étrangères / feraient la loi dans nos foyers ! / Quoi ! Des phalanges mercenaires / terrasseraient nos fils guerriers ! » C'est pourtant bien ce qu'elles firent, ces cohortes et ces phalanges ! Nos guerriers de pères ayant été terrassés, on dut bien admettre que « Dieu ! Nos mains seraient enchaînées ! / Nos fronts sous le joug se ploieraient ! / De vils despotes deviendraient / les maîtres de nos destinées ! » Il fallut ainsi déchanter, et certains entonnèrent même une autre chanson : *Maréchal, nous voilà* !

C'était un temps déraisonnable, mais lorsque nous avons atteint l'âge de raison, ce temps était déjà révolu. On chantait à nouveau « Liberté, liberté chérie... » On respirait enfin sans qu'on nous rationne l'air et les paroles. Il y avait même un parfum d'Amérique : du jazz, du charleston. Des bikinis explosifs. Des films de cow-boys au cinéma. Le plan Marshall nous a permis de retrouver l'usage d'un vieux mot oublié : le « progrès ». Pendant que nos parents pansaient leurs blessures de guerre, nous apprenions à vivre à cent à l'heure. Sur le tempo du cha-cha-cha, puis, soudain, au rythme endiablé du rock'n'roll de Bill Haley. Nous avions dix-huit ans, et Charles Aznavour chantait : « Il faut boire jusqu'à l'ivresse... sa jeunesse. »

Pierre Barrot — Jean-Paul Hémon

Qu'est-ce qu'on attend pour être heureux ?

Le mariage de mes parents, en... Bretagne

Accouchement non médicalisé

Dis-moi où tu es né et je te dirai qui tu es... En 1938, la plupart des Parisiennes accouchaient à la maternité ou dans le cabinet d'une sage-femme. Mais au niveau national, une naissance sur deux avait encore lieu à domicile. Et dans les provinces les plus reculées, il s'agissait de la majorité. En effet,

Chronologie

12 mars 1938
L'Allemagne d'Adolf Hitler annexe l'Autriche.

25 mai 1938
Inauguration de la première usine Volkswagen par Hitler, et début de la fabrication de la Coccinelle.

30 septembre 1938
À la conférence de Munich, le français Édouard Daladier et le britannique Arthur Neville Chamberlain abandonnent la région tchécoslovaque des Sudètes à l'Allemagne.

10 novembre 1938
Mort de Mustafa Kemal Atatürk, père de la Turquie moderne, laïque et républicaine.

30 janvier 1939
Hitler annonce « l'anéantissement de la race juive en Europe ».

9 mai 1939
Naissance de Pierre Desproges.

23 août 1939
Signature du pacte germano-soviétique. À cet accord de non-agression s'ajoutent des clauses secrètes, qui prévoient le partage de la Pologne et l'annexion par l'Union soviétique des pays baltes ainsi que de la province roumaine de Bessarabie.

1er septembre 1939
Suite à l'invasion de la Pologne par les troupes allemandes, le gouvernement français décrète la mobilisation générale.

Janvier 1940
Apparition des cartes de rationnement au Royaume-Uni, puis en France.

12 mai 1940
L'armée allemande pénètre sur le sol français après avoir envahi la Belgique.

14 juin 1940
Les troupes du IIIe Reich défilent sur les Champs-Élysées à Paris.

21 août 1940
Le communiste espagnol Ramon Mercader, envoyé par Joseph Staline, parvient à assassiner Léon Trotski dans sa maison de Mexico, d'un coup de piolet.

10 novembre 1940
Exécution de Jacques Bonsergent, premier civil français condamné à mort par un tribunal militaire allemand.

Maman fière, bébé indifférent.

en milieu rural, il fallait être soit une privilégiée, soit une hurluberlue moderniste pour accoucher à l'hôpital.

Quant au congé maternité, apparu après la Grande Guerre, il ne concernait encore que les fonctionnaires. Il avait été instauré dans le seul but de repeupler la France. La Chambre des députés, exclusivement masculine, se souciait peu de la santé des femmes. Dans nos campagnes, elles étaient sur la brèche jusqu'aux premières contractions. Le moment venu, on appelait la sage-femme ; les sœurs, mère, cousines et voisines, venues à la rescousse, fourbissaient les draps, le linge et les bassines d'eau bouillie. Il fallait que la mère ou l'enfant soit en danger de mort pour que l'on songe à déranger le médecin. J'ai été mis au monde sans son intervention.

Le président du Conseil Édouard Daladier est accueilli à Munich par Ribbentrop, ministre des Affaires étrangères du Reich.

La reculade de Munich

En septembre 1938, Hitler réclame l'autodétermination pour les trois millions d'Allemands qui vivent dans la région tchécoslovaque des Sudètes. Puis il menace d'envahir ce territoire, et lance un ultimatum. Français et Anglais croient la guerre inévitable. Mais Benito Mussolini propose d'engager une ultime négociation à Munich.
Les Premiers ministres français et britannique, Édouard Daladier et Arthur Neville Chamberlain, s'y rendent et finissent par céder aux exigences de Hitler, à qui ils abandonnent les Sudètes. L'Allemagne nazie, qui avait déjà annexé l'Autriche, remporte ainsi une nouvelle victoire sans combat.
Six mois plus tard, une simple menace lui suffira pour faire main basse sur la Tchécoslovaquie toute entière. Dans son roman Le Sursis, *Jean-Paul Sartre imagine Daladier, venant d'atterrir à Orly, la peur au ventre en songeant à la réaction des Français après la reculade de Munich. Mais à sa grande surprise, c'est une foule enthousiaste qui l'accueille au pied de la*

Winston Churchill, mis à l'écart du gouvernement anglais, a passé la dernière décennie à construire sa maison et à jouer au prophète de malheur. La plupart de ses prédictions se sont vérifiées, notamment après la conférence de Munich.

passerelle. « Ils criaient "Vive la France ! Vive l'Angleterre ! Vive la paix !", ils portaient des drapeaux et des bouquets. Daladier s'était arrêté sur le premier échelon : il les regardait avec stupeur. Il se tourna vers Leger et dit entre ses dents : "Les cons !" » Le Leger dont il est question dans ce récit est Alexis Leger, secrétaire général du Quai d'Orsay, qui obtiendra en 1960 le prix Nobel de littérature sous le nom de Saint-John Perse. Winston Churchill, lui aussi futur prix Nobel de littérature, aura sur les accords de Munich cette phrase prophétique : « Ils ont accepté le déshonneur pour avoir la paix. Ils auront le déshonneur et la guerre. »

Sœur de lait

En 1938, Michel Simon et Arletty jouaient au cinéma dans *La Chaleur du sein*. Pendant ce temps, je tétais goulûment celui de ma mère. Un sein généreux qui ne tarissait jamais, et profitait également à une petite voisine, dont la mère n'avait pas de lait. En ce temps-là, on recourait rarement au biberon, et des nourrices remplaçaient les mamans défaillantes. Nous étions nombreux à avoir des frères ou sœurs de lait. Ma mère fut une nourrice occasionnelle et bénévole, mais dans la plupart des cas, ce service était payant : il en coûtait cent-cinquante à deux-cents francs par mois. En 1936, une femme divorcée du centre de la France expliquait ainsi, dans une plainte au procureur, que la totalité de son salaire allait à celle qui nourrissait ses enfants.

Construction d'une voie de chemin de fer dans les années trente. Dès cette époque, les locomotives à vapeur perdent du terrain face aux trains électriques et aux michelines.

Entre deux gares...

La petite ville où je suis né compte aujourd'hui un peu plus de 4 000 habitants, 2 000 de moins qu'en 1938. Nous habitions alors entre deux gares. Elles appartenaient à deux compagnies distinctes et les voies n'avaient pas le même écartement. À cette époque, la France était quadrillée par les chemins de fer, et l'on comptait six entreprises ferroviaires différentes, dont plusieurs étaient privées, comme la fameuse compagnie PLM (Paris-Lyon-Méditerranée). C'est le 1er janvier 1938 que le gouvernement de Front populaire a nationalisé les sociétés privées. L'ensemble du réseau a alors été unifié pour former la Société nationale des chemins de fer français. L'État possède 51 % du capital, le reste appartenant aux actionnaires des sociétés financières ayant succédé aux six anciennes compagnies.

Les trains de notre enfance avaient encore des locomotives à vapeur mais, dès 1937, la ligne Paris-Le Mans avait été électrifiée. Depuis plusieurs années déjà, des autorails qu'on appelait « michelines » circulaient sur les réseaux les plus modernes. Mis au point par la société Michelin dans les années trente, ceux-ci allaient rapidement se répandre, et seraient encore utilisés par la SCNF pendant de nombreuses années.

Menuisiers, rempailleurs...
Des métiers qui nous fascinent.

Raboteur de bois brut

Mon père était ébéniste. Son propre père était fils de jardinier, c'est-à-dire « fils de rien », comme on disait à l'époque. En devenant menuisier, le grand-père avait acquis une certaine prospérité, dont son fils a bénéficié. Comme beaucoup d'artisans de cette époque, mon père fabriquait des meubles rustiques dont le style était immuable. Mais peut-on vraiment parler de style à propos de tels ouvrages ? Il y avait un modèle d'armoire, un modèle de table, une forme de banc. Mon père n'était pas du genre à ciseler des flûtes. Il n'avait ni vocation ni goût pour son métier : sa vie était ailleurs. Il avait une passion bien plus noble, la chasse. C'était son univers et sa raison de vivre. Il ne rêvait que de gibier, de chiens d'arrêt et de fusils, de traques et d'affûts. Mais si la chasse était la gloire de mon père, c'était aussi le fardeau de ma mère.

Un père en tenue de menuisier et
un chien ravi de prendre la pose.

On s'assoit cinq minutes au soleil.

Drôle de drame

Avant même de nous voir naître, ce monde avait déjà commencé à tourner au vinaigre. Au cinéma, on jouait *La Grande Illusion* et *Drôle de drame.* À la radio, Ray Ventura chantait : « Qu'est-ce qu'on attend pour être heureux ? /

5 septembre 1939 : dernière photo de famille avant le départ du père pour la drôle de guerre. Le chien n'a pas manqué de poser.

Un peu remuant…

Qu'est-ce qu'on attend pour faire la fête ? / Le ciel a mis son complet bleu. / La joie nous guette, c'est merveilleux. » En septembre 1939, la « fête » commença avec l'invasion de la Pologne par Hitler. Tous les Français âgés de vingt à quarante-huit ans furent mobilisés, soit 4 734 000 hommes.

Vieille chouette

Incorporé à Rennes, mon père écrivait de nombreuses lettres à ma mère, toutes pleines d'impatience : « J'ai grand espoir que nous nous reverrons bientôt et pour toujours. » « Espérons ensemble que le 1er mai prochain [1941 !] nous serons pour toujours l'un avec l'autre. » Et encore : « Je crois que tu m'avais parlé d'une andouille. Je serais bien content d'en avoir une. Ça me rappellerait les bons petits plats du pays. » Tous ses courriers, adressés à ma mère mais aussi à mon frère et moi, commençaient par « Ma petite Suzanne chérie et mes deux loustics ». Dans l'une de ces missives, Papa confiait à ma mère son indignation après avoir appris que sa propre mère la faisait surveiller par deux voisines, qu'elle soudoyait à cet effet avec des vivres. Mon père ménageait sa mère, réservant toute sa hargne aux espionnes, qu'il qualifiait successivement de « saleté », de « vieille guenon » et de « vieille chouette », ainsi que d'autres noms d'oiseaux bien moins élégants. Tenant une épicerie, Maman recevait de nombreux clients, avec qui elle faisait parfois un brin de causette. À cause de ces échanges, les deux voisines avaient prêté à ma mère de louches intentions et une propension certaine à « faire la vie », c'est-à-dire à commettre l'adultère.

Prisonniers de guerre

Après sa victoire en juin 1940, l'armée allemande fait 1 850 000 prisonniers dans les rangs de l'armée française. Presque tous (1 600 000) sont emmenés en Allemagne, où ils travaillent en Kommandos *dans des fermes, des chantiers, des mines ou des usines. Près de la moitié d'entre eux étaient mariés lors de la mobilisation. Beaucoup d'unions ne résisteront pas à cinq années de séparation. Certains prisonniers reviennent avec une fiancée allemande, qui sera rarement la bienvenue. La France a produit peu de témoignages sur les prisonniers de guerre, comme s'ils avaient continué à porter sur eux la honte de la défaite, sans partager avec leur famille les affres de l'Occupation. Pourtant, 70 000 d'entre eux se sont évadés au péril de leur vie.*
Bien que les prisonniers britanniques aient été bien moins nombreux, leur histoire a inspiré plusieurs films et une série télévisée. Le 25 mars 1944, 76 prisonniers, presque tous britanniques, s'évadent du camp de Sagan en Silésie, dans l'actuelle Pologne, grâce à un tunnel qu'ils ont mis plusieurs mois à creuser. La plupart d'entre eux sont repris, et trois seulement parviennent à rejoindre l'Angleterre. Pire, l'officier allemand responsable du camp fusille, en représailles, 50 officiers alliés, dont un Français et un Belge. Sorti en 1963, le film américain La Grande Évasion, *avec Steve McQueen, retrace ces événements.*
Les Indomptables de Colditz, *un film britannique sorti en 1955, relate les aventures et les multiples tentatives d'évasion d'officiers alliés enfermés dans le château de Colditz, près de Dresde. Parmi eux, de nombreux Français, dont le futur chef militaire du maquis du Vercors, Alain Le Ray. Le film deviendra plus tard une série télévisée, diffusée en France dans les années soixante-dix, dénommée « Colditz ». L'un des rares prisonniers français devenus célèbres est François Mitterrand. Ayant réussi sa troisième tentative d'évasion en décembre 1941, il travaille pour l'administration de Vichy. Peu de temps après avoir été décoré de la francisque, il entre dans la clandestinité au printemps 1943 et fonde un nouveau mouvement de résistance, le Rassemblement national des prisonniers de guerre. Lorsqu'il rejoint à Alger le général de Gaulle, celui-ci ironise : « Pourquoi un mouvement de prisonniers de guerre d'ailleurs ? Cela ne signifie rien. Pendant qu'on y est, on pourrait faire aussi des mouvements de résistance de Bretons, d'épiciers ou de charcutiers, hein ? » Les deux hommes ne parviendront jamais à s'entendre.*

Steve McQueen dans La Grande Évasion.

Drôle de guerre

La guerre des nerfs qui avait commencé en septembre 1939 fut baptisée « guerre assise » par les Allemands. Les Français auraient dû employer la même expression, car les deux armées face à face, figées, ressemblaient à deux géants se tenant par la barbichette. Le premier qui rira...

Les Français, en surnommant cet épisode « drôle de guerre », prirent le parti d'en rire et reçurent bien plus qu'une tapette. Mais avant cela, tandis que nos pères se perfectionnaient dans l'art de la belote à l'abri de la ligne Maginot, nos mères donnaient davantage l'impression d'être en première ligne, contraintes qu'elles étaient de faire face seules aux besoins de la famille. Pendant cette période où nos troupes et celles de notre allié britannique se trouvaient, selon Winston Churchill, « en état de catalepsie », la France des lignes arrière avait les nerfs à vif et l'on vivait dans la hantise de la « cinquième colonne ». Il était question de traîtres monnayant des renseignements auprès de l'ennemi, mais aussi d'« espions boches infiltrés ». Une rumeur faisait même état de soldats allemands parachutés dans nos campagnes et déguisés en curés ou en bonnes sœurs.

Un nouveau bébé est toujours une attraction à ne pas manquer.

Un coup bien ajusté

C'est dans cette ambiance paranoïaque que ma pauvre mère parvint à démasquer les deux femmes que sa belle-mère avait chargées de l'espionner. Le règlement de comptes était inévitable. Je n'avais guère plus de deux ans lorsque je fus témoin d'une altercation entre ma mère et ma grand-mère.

D'instinct, je rejoignis les jupes maternelles, où je restai blotti. Puis, profitant sans doute d'une accalmie, je me dirigeai vers ma grand-mère, à la surprise générale, comme si j'avais soudain changé de camp. Mais ce mouvement vers l'aïeule fut conclu par... un magistral coup de pied dans le tibia ! Ce fait d'armes me valut la reconnaissance éternelle de ma mère, qui en parlait encore avec fierté soixante-dix ans plus tard. D'un seul coup de pied bien ajusté, j'avais lavé son honneur.

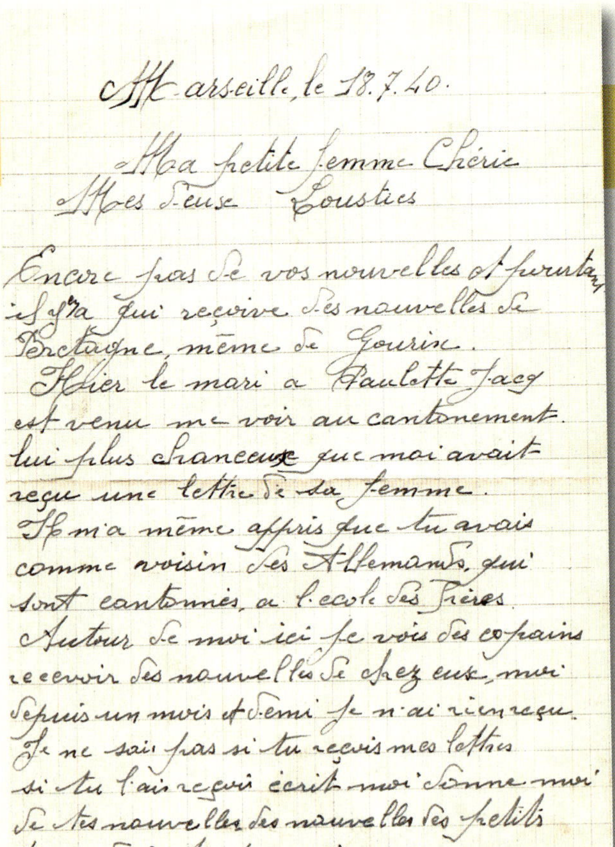
Marseille, le 18.7.40.

Ma petite femme Chérie
Mes deux Loustics

Encore pas de vos nouvelles et pourtant il y'a qui reçoive des nouvelles de Bretagne, même de Gourin.
Hier le mari a Paulette Jacq est venu me voir au cantonement. lui plus chanceux que moi avait reçu une lettre de sa femme.
Il m'a même appris que tu avais comme voisin des Allemands, qui sont cantonnés a l'école des Frères.
Autour de moi ici je vois des copains recevoir des nouvelles de chez eux, moi depuis un mois et demi je n'ai rien reçu.
Je ne sais pas si tu reçois mes lettres si tu l'ais reçois écrit moi donne moi de tes nouvelles des nouvelles des petits je voudrais tant savoir ce que vous devenez. J'espère que tout va bien

Une lettre de mon père, envoyée peu de temps avant sa démobilisation.

Guerre éclair

Au même moment éclatait un orage bien plus violent, que l'on baptisa « guerre éclair ». Enfoncée d'abord dans les Ardennes, puis un peu partout, l'armée française se trouva bientôt en pleine débâcle et subit de lourdes pertes. Mon père fut épargné car il ne prit jamais part à aucun combat : il avait été affecté à l'intendance du fait d'un biceps atrophié, séquelle d'un accident de chasse. Son unité s'employa surtout à se replier en bon ordre jusqu'à Marseille, où il finit par être démobilisé à la fin du mois d'août 1940, après une année sous les drapeaux.

Après la débâcle, l'armée allemande entre triomphalement dans Paris.

En attendant la paix...

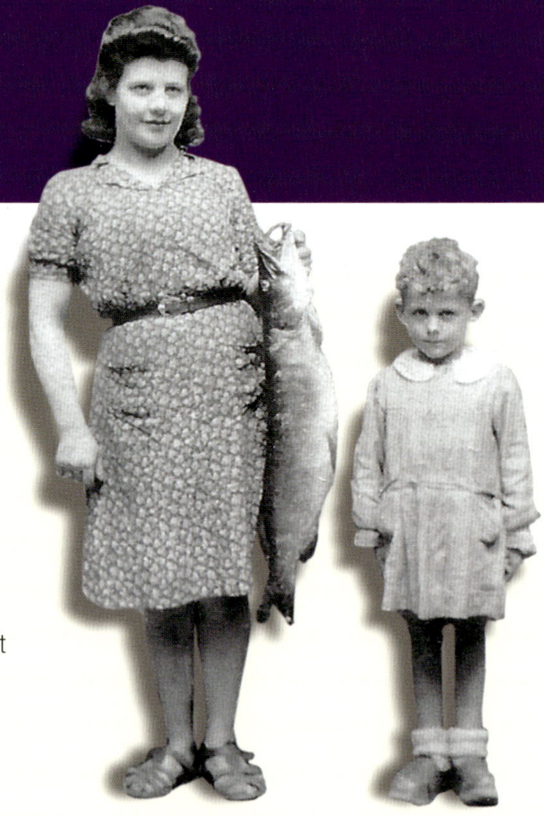

On apprécie les pêches miraculeuses qui compensent le rationnement de la viande.

Le ragoût sans viande

Nous avions de la chance par rapport à de nombreux camarades dont le père avait été tué, blessé ou fait prisonnier en Allemagne. Sur les cinq millions d'hommes que comptait l'armée française, près de la moitié avait ainsi été mise hors de combat.

La première forme que prit chez nous l'occupation allemande fut

Chronologie

12 janvier 1941
Les troupes britanniques et australiennes prennent la ville de Tobrouk, en Libye.

22 juin 1941
L'Allemagne déclenche l'opération « Barbarossa », envahissant l'Union soviétique.

1er septembre 1941
Le régime nazi impose le port de l'étoile jaune à tous les Juifs âgés de plus de six ans.

7 septembre 1941
Début du siège de Leningrad, qui durera neuf cents jours.

7 décembre 1941
Lors de l'attaque de Pearl Harbor, l'aviation japonaise détruit une grande partie de la flotte américaine du Pacifique et provoque la mort de 2 350 personnes.

27 mai 1942
Assassinat du dirigeant nazi Reinhard Heydrich par la résistance tchèque.

16 juillet 1942
Début de la rafle du Vel' d'Hiv', et arrestation en région parisienne de près de 13 000 Juifs. Ils seront pour la plupart déportés.

Du 8 au 12 novembre 1942
Les Alliés prennent le contrôle successivement du Maroc, de l'Algérie et de la Tunisie.

11 novembre 1942
Les Allemands occupent la totalité du territoire français et suppriment l'armée d'armistice.

2 février 1943
L'Armée rouge remporte la bataille de Stalingrad, première défaite de la Wehrmacht en Europe.

19 avril 1943
Les Juifs du ghetto de Varsovie se soulèvent contre les Allemands. C'est la première vraie insurrection juive dans l'Europe nazie.

8 juillet 1943
Jean Moulin, sauvagement torturé, meurt dans le train qui le conduisait vers un hôpital allemand.

22 juillet 1943
Le débarquement des Alliés en Sicile conduit les troupes allemandes à pénétrer au nord de l'Italie ; trois jours plus tard, Mussolini, mis en minorité par le Grand conseil fasciste, est arrêté.

La guerre et ses restrictions n'ont pas empêché l'arrivée d'une petite sœur.

l'occupation des écoles. Les soldats du Reich ayant réquisitionné plusieurs établissements scolaires, il fallut trouver de nouvelles salles de classe ici et là. Le baron de notre petite ville prêta ainsi une partie de son manoir.

Pendant ces années où le rationnement était généralisé, nous faisions figure de privilégiés grâce à l'épicerie de ma mère. Elle y vendait des légumes achetés à des grossistes de la région, ainsi que des produits laitiers provenant des fermes avoisinantes. Pour autant, nous n'échappions pas totalement aux restrictions, et l'un de nos menus les plus fréquents était le « ragoût sans viande », une sorte de potée de légumes. Mais nous étions moins touchés que les citadins, et notre mère envoyait régulièrement des colis de vivres à Paris.

On a pu lire dans les journaux de l'époque l'avertissement suivant : « Mangeurs de chats, attention... Par ces temps de restriction, certaines personnes affamées ne craignent pas de capturer des chats pour en faire un bon civet. Ces personnes ne connaissent pas le danger qui les menace. En effet, les chats, ayant comme but utilitaire de tuer et manger des rats porteurs de bacilles les plus dangereux, peuvent être de ce fait, particulièrement nocifs... » Tandis que certains faisaient viande de toute bête, les rares produits échappant aux réquisitions des Allemands étaient de plus en plus consommés : topinambours, rutabagas et chicorée. La saccharine avait remplacé le sucre et nous étions condamnés à manger du pain noir, qui avait en réalité une couleur plus ou moins jaune, le maïs en étant l'un des ingrédients principaux.

Distribution de biscuits à la caséine dans une école, en 1941.

La mission impossible de Jean Moulin

Au moment de la débâcle de 1940, Jean Moulin est préfet à Chartres. Un officier allemand le convoque pour lui montrer des cadavres mutilés : il veut lui faire signer un communiqué attribuant ces atrocités à un bataillon de tirailleurs sénégalais. Jean Moulin pressent qu'il s'agit d'une manipulation. Il s'agit en réalité de victimes d'un bombardement allemand. Il refuse de signer. Il est alors frappé à coups de poing, puis de crosse. Il s'obstine. Pour le faire céder, on l'enferme dans une pièce obscure avec un cadavre de femme déchiqueté. Craignant que les Allemands le forcent à commettre une ignominie, il se tranche la carotide. Mais ses geôliers parviennent à le sauver. Quelques mois plus tard, il est démis de ses fonctions par le gouvernement de Vichy. Il rejoint Londres. Le général de Gaulle lui confie une mission qui semble à l'époque impossible : unifier et organiser les mouvements de résistance, encore embryonnaires ou anarchiques. Jean Moulin est parachuté en Provence le 1er janvier 1942. À force de ténacité, il parvient à rassembler la plupart des réseaux, y compris le puissant mouvement Combat d'Henri Frenay, au sein du Conseil national de la Résistance, qui se réunit pour la première fois en mai 1943. Un mois plus tard, trahi par l'un des siens, Jean Moulin est arrêté à Calluire. Torturé sur ordre de Klaus Barbie, il meurt le 8 juillet 1943 dans le train qui le conduisait en Allemagne.

Un timbre représentant Jean Moulin.

Des Allemands « corrects »

Les Allemands occupaient un collège jouxtant l'épicerie maternelle. Des soldats y venaient donc fréquemment faire des achats. Ils aimaient discuter avec notre mère et lui apprenaient à compter en allemand. Tous étaient tenaillés par la peur d'être expédiés sur le front de l'Est. Il est probable que la plupart n'y ont pas échappé. Nos parents avaient peu d'informations sur ce qui se passait alors en Union soviétique. Il était difficile d'imaginer les Allemands « corrects » que nous connaissions, se comporter là-bas comme des bêtes féroces.

Les Français, en effet, n'ont été confrontés aux pires manifestations de la barbarie nazie sur leur propre sol que lors de rares épisodes, et surtout à la

File d'attente devant une crèmerie parisienne.

fin de la guerre. Quand 99 otages furent pendus à Tulle, le 9 juin 1944, par la division « Das Reich » qui revenait du front de l'Est, un officier allemand expliqua au préfet français : « Nous avons pris en Russie l'habitude de pendre, nous avons pendu plus de 100 000 hommes à Kharkov et à Kiev, ce n'est rien pour nous. » Ce sont des éléments de cette même division « Das Reich » qui allaient perpétrer, dès le lendemain, le massacre d'Oradour-sur-Glane. Cette tuerie, qui serait bientôt suivie d'une autre, de moins grande ampleur, en août 1944 à Maillé-en-Touraine, aurait paru banale sur le front de l'Est. Depuis l'offensive allemande de 1941, on avait dénombré, rien qu'en Biélorussie, plus de 600 massacres lors desquels la population d'un village entier avait été brûlée vive comme à Oradour.

Il faudra s'habituer à jouer près de véhicules allemands...

Lors du débarquement du 6 juin 1944, 170 000 soldats arrivent sur les côtes de Normandie.

Quand les Alliés débarquent...

Le débarquement de Normandie est le plus célèbre de la deuxième guerre mondiale, mais il a été précédé de centaines d'autres. L'un des premiers est celui de Dieppe, qui est aussi le plus sanglant. Conçu comme une « reconnaissance en force », cette opération a été menée le 19 août 1942 par plus de 6 000 hommes, majoritairement canadiens, qui devaient annihiler les défenses allemandes avant de rembarquer. Mais l'action a tourné au fiasco, avec plus de 4 300 soldats tués, blessés ou capturés.

Après cet échec, les Alliés choisissent de nouveaux objectifs en Méditerranée. Ils occupent la Tunisie en mai 1943, puis prennent le contrôle de l'île italienne de Lampedusa. Le 10 juillet, ils débarquent en Sicile, opération qui mobilise presque autant de soldats que le débarquement en Normandie. L'île n'est définitivement conquise que le 17 août, après une bataille de trente-huit jours – mais la menace alliée a déjà conduit le Grand conseil fasciste à destituer Benito Mussolini, le 24 juillet. Le 3 septembre 1943, les troupes du général Montgomery prennent pied à Reggio de Calabre, talon d'Achille de la botte italienne. Le jour même, le nouveau gouvernement italien signe secrètement un armistice avec les Alliés. Le 9 septembre a lieu un nouveau débarquement à Salerne, au sud de Naples. La Résistance déclenche alors une insurrection en Corse, occupée à la fois par des troupes italiennes et allemandes. 6 000 soldats français envoyés d'Alger par le général Giraud débarquent à Ajaccio à la mi-septembre, permettant la libération de l'île en octobre 1943.

Pendant ce temps, sur la péninsule italienne, les troupes allemandes freinent la progression des Alliés après avoir libéré Mussolini par une action commando digne d'un film de James Bond. Les Alliés ont choisi de ne pas placer trop de soldats en Italie pour mieux préparer le débarquement en France. Le matériel qui sera utilisé sur les plages normandes a déjà été testé dans le Pacifique, où les Américains ont organisé le plus grand nombre de débarquements.

Le D-Day est fixé au 6 juin 1944, alors que les troupes engagées en Italie viennent à peine de libérer Rome, après une progression de moins de 300 kilomètres en neuf mois. En France, les Allemands s'attendent à une attaque près de Calais. Les troupes alliées débarqueront pourtant en Normandie tandis que Hitler, après une réunion nocturne, a interdit qu'on le réveille avant 9 heures du matin. À l'heure dite, il apprend que la plus grande opération amphibie jamais réalisée a réussi. Au soir du 6 juin, 170 000 soldats américains, britanniques, canadiens et français ont pris pied sur les côtes normandes.

L'oncle Louis, sellier-bourrelier et toujours bien entouré.

Unités mobiles d'extermination

Depuis la France, il était impossible de se représenter l'ampleur de ces tueries qui firent plus de 20 millions de morts en Union soviétique. Non seulement les nazis vouaient aux communistes une haine féroce, mais ils considéraient également les Slaves comme des sous-hommes, destinés à être réduits en esclavage jusqu'à ce que mort s'ensuive. Les prisonniers de guerre étaient exécutés de façon quasi systématique. Plus de trois millions de soldats soviétiques périrent de cette façon. Aux innombrables crimes de guerre s'ajoutèrent les opérations d'extermination proprement dite. Dès le début de l'offensive allemande, les Einsatzgruppen, unités mobiles d'extermination, firent plus d'un million de victimes. Elles étaient chargées de massacrer systématiquement les populations juive et tzigane, les fonctionnaires de l'État et du Parti communiste soviétique, et les patients des hôpitaux psychiatriques.

Le costume à bretelles ne fait pas que des heureux.

Les affrontements prirent eux aussi une ampleur jamais atteinte auparavant. La bataille de Stalingrad fit à elle seule, dans les deux camps, près de deux millions de morts, victimes des combats, de la faim et du froid. Tournant stratégique majeur, elle marqua le début de la retraite de l'armée allemande en Europe de l'Est. Contrairement au siège « classique », elle consistait principalement en des combats urbains à l'intérieur de la ville, faisant un grand nombre de morts parmi les civils.

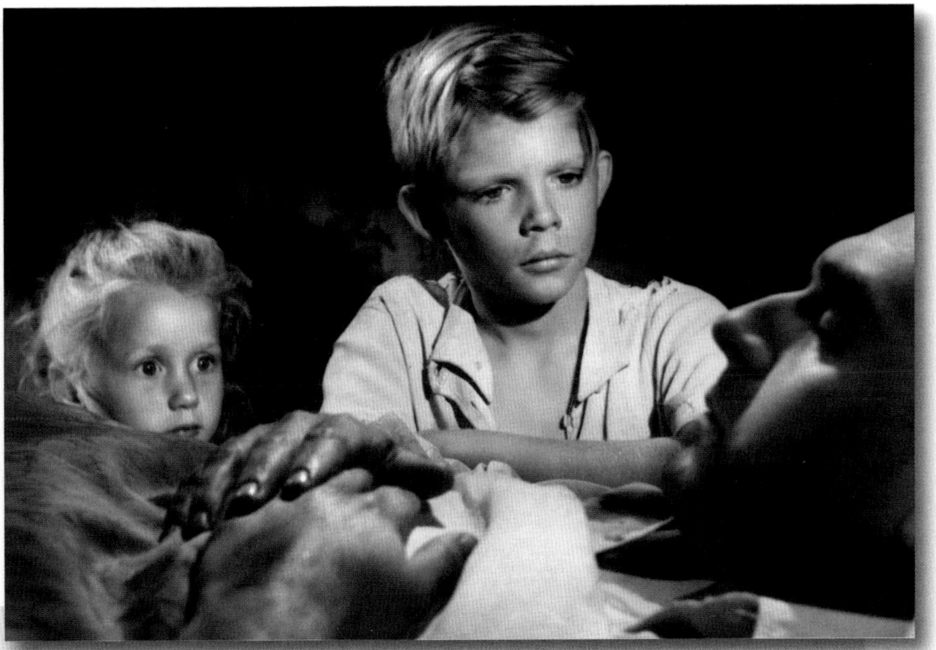

Jeux interdits, film de René Clément d'après un roman de François Boyer, sortira en 1952.

Jeux sans interdit

Pendant ces années terribles, l'enfance était encore le meilleur des refuges. Surtout dans la France rurale, où il était possible d'échapper aux principales privations et, pour les enfants juifs cachés avec ou sans leurs parents, aux déportations. Trop jeunes pour garder un quelconque souvenir des combats de juin 1940, nous ne pratiquions pas ces macabres « jeux interdits » qu'allait décrire par la suite le roman de François Boyer, puis le film de René Clément.

Nous n'étions pas loin de ressembler aux enfants d'avant-guerre, même si notre plus grand luxe était l'orange trouvée sous l'arbre de Noël. Les jouets n'étaient pas toujours de première main, mais pour les filles, il existait un vaste choix de poupées, poupons, poupards et baigneurs, tous plus joufflus les uns que les autres. Les ours en peluche, nés aux États-Unis avec le président Theodore Roosevelt, avaient fait leur apparition en France à partir des années vingt. Mais ils n'avaient pas encore atteint la France profonde. Pour les garçons, la tendance était plutôt aux jouets en bois. Notre position de fils de menuisier faisait de mon frère et moi des privilégiés. Nous avions à notre disposition un cheval à bascule ainsi qu'une mini-brouette, qui servait à toutes sortes de transports sur des chantiers multiples dont les plans naissaient à volonté dans nos petites têtes d'enfants bâtisseurs.

Le médecin déporté

Quelque temps après sa démobilisation, notre père était entré dans la Résistance. Il recevait parfois des camarades de son réseau. On les entendait parler à voix basse dans la cuisine. De leurs actions clandestines, nous n'avons jamais rien perçu d'autre que ces étranges chuchotements. Il y avait un maquis important dans les forêts voisines, et beaucoup de résistants et de réfractaires au STO (Service du travail obligatoire) étaient arrêtés par les Allemands.

Un jour de mai 1944, le chef du maquis, « Job la mitraille », reçut une balle dans

Si entre-temps la chasse a été interdite par les Allemands, la pêche ne l'est toujours pas. En 1941, mon père sort un brochet de dix-neuf livres.

l'abdomen lors d'un accrochage avec une patrouille allemande. On le conduisit au cabinet d'un médecin qui l'opéra, sans grand espoir. Il fut ensuite caché dans une ferme. Pendant ce temps, le docteur, pris dans une rafle, était interrogé, puis relâché. Mais quelques jours plus tard, les Allemands eurent vent de la mort du maquisard et de son enterrement clandestin à la ferme. Les trois hommes trouvés sur place et le docteur furent arrêtés. À cette période, la Résistance multipliait les actions de sabotage à l'approche du débarquement.

Nuit et brouillard

Notre médecin fut déporté en train le 10 juin 1944. Son parcours fut semblable à celui qu'allait décrire plus tard Jean Ferrat dans la chanson « Nuit et brouillard » : « Combien de tours de roue, d'arrêts et de départ / qui n'en finissent pas de distiller l'espoir ? » Il atteignit le 31 juillet le camp de concentration de Neuengamme, près de Hambourg, où il passa onze mois. Des résistants célèbres

Le petit frère a bien grandi,
grâce à mes soins jaloux.

comme Claude Bourdet, David Rousset et Marcel Prenant ont séjourné dans ce même camp, ainsi que le chanteur John William. Sur les 106 000 déportés, de 28 nationalités différentes, envoyés à Neuengamme, seuls 51 000 sont revenus.

1944-1948

Petit d'homme

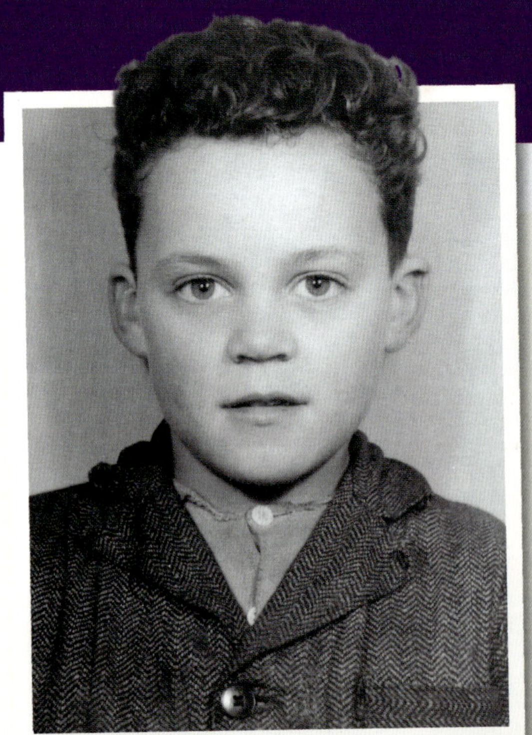

À l'âge des premières colonies de vacances.

Sous la mitraille...

Malgré mon jeune âge, je ne fus pas épargné par les combats : à six ans, je fus témoin d'une véritable bataille. En mai 1944, je me retrouvai seul dans la rue, tandis que retentissait le fracas d'une mitrailleuse. Ma mère hurlait, me voyant déjà perdu. La gare venait d'être attaquée par des résistants.

Chronologie

6 juin 1944
Le débarquement de Normandie, plus grande opération amphibie jamais réalisée, est mené à bien par les Alliés.

5 octobre 1944
Le gouvernement du général de Gaulle accorde le droit de vote aux femmes.

12 avril 1945
Mort de Franklin D. Roosevelt, remplacé par Harry Truman à la tête des États-Unis.

8 mai 1945
Lors d'une manifestation de nationalistes algériens à Sétif, une émeute éclate et des Européens sont massacrés. La répression fera entre 8 000 et 20 000 morts, selon les sources.

6 août 1945
Explosion de la première bombe atomique à Hiroshima.

19 janvier 1946
Le général de Gaulle démissionne de son poste de président du gouvernement provisoire de la République française.

21 février 1946
En Espagne, exécution de Cristino Garcia, opposant au régime du général Franco, qui avait combattu dans la Résistance française et libéré le Gard et l'Ardèche.

3 juin 1946
Lancement du bikini, inventé par un couturier français et vendu avec le slogan « la première bombe an-atomique ».

29 mars 1947
Déclenchement de l'insurrection contre le régime colonial français à Madagascar.

5 juin 1947
Annonce du plan Marshall.

15 août 1947
Suite à l'indépendance de l'Inde et du Pakistan, des affrontements éclatent entre musulmans et hindous : ils feront environ 500 000 morts.

30 janvier 1948
Assassinat du Mahatma Gandhi.

15 mai 1948
Au Proche-Orient, la guerre éclate au lendemain de la proclamation de l'État d'Israël.

10 décembre 1948
Les Nations unies adoptent la Déclaration universelle des droits de l'homme.

Les chèvres font parfois d'excellentes montures.

Il y eut plus de peur que de mal, et la principale victime fut l'horloge, atteinte de plusieurs balles et désormais immobile. Quelques jours plus tard, l'aviation alliée s'en prit à la gare à son tour. On décida de me mettre à l'abri dans la ferme de ma grand-mère. Lorsque, le 4 août 1944, les troupes américaines atteignirent notre petite ville, je n'étais pas là pour les voir.

Mais le champ où je me trouvais fut survolé par un avion qui largua aimablement des tracts et des sachets de friandises... Partout où ils passaient,

On joue avec des cartouches vides en guise de soldats de plomb.

les Américains distribuaient leurs chewing-gums. Et l'on dansait frénétiquement dans des bals populaires, financés par les commerçants, organisés tous les jours, parfois pendant toute une semaine.

Marelle et sabots

À une époque où garçons et filles ne se rencontraient qu'en dehors de l'école, on ne ressentait pas toujours le besoin de se différencier. Ainsi, le jeu de la marelle était aussi masculin que féminin. Ce n'est que plus tard, avec la mixité scolaire, qu'il a été réservé aux filles dans la plupart des cours de récréation françaises. Les billes et le football, en revanche, étaient des jeux de garçons aussi sûrement que la corde à sauter et l'élastique appartenaient aux filles. Bien entendu, on jouait aussi au ballon, à chat, à cache-cache, à colin-maillard, à faire des rondes en chantant... Ceux qui vivaient à

Quelqu'un aurait trouvé un trèfle à quatre feuilles ?

La petite sœur et ses deux gardes du corps.

la campagne tressaient des couronnes de fleurs ou transformaient un brin d'herbe en instrument de musique.

En ce temps-là, nous allions à l'école avec des sabots de bois, ce qui n'était guère commode pour jouer au ballon. La plupart du temps, nous les ôtions pour courir en chaussons. Mais, parfois, nous ne résistions pas à la tentation de remettre les sabots pour shooter plus puissamment dans la balle. Il m'est arrivé de faire le dos rond en rentrant à la maison avec un sabot brisé. Tout menuisier qu'il était, mon père n'en fabriquait pas. Le métier de sabotier était une de ces spécialités rurales qui ont disparu après le plan Marshall, comme le bourrelier, le charron et le maréchal-ferrant.

De Manhattan à Hiroshima

En 1938, à Berlin, les Allemands Otto Hahn et Fritz Strassman observent pour la première fois le phénomène de fission nucléaire induite. Si le régime nazi parvient à exploiter cette découverte, il détiendra la première arme de destruction massive jamais mise au point. Les premiers à prendre la mesure du danger sont des physiciens juifs ayant fui l'Europe. L'un d'eux, Leo Szilard, persuade Albert Einstein de l'aider à écrire une lettre pour alerter le président des États-Unis, Franklin D. Roosevelt. Transmis en août 1939, ce plaidoyer ne sera lu qu'en octobre, après l'écrasement de la Pologne par les troupes nazies.
Roosevelt décide alors d'entamer une course contre la montre : les États-Unis doivent mettre au point la bombe atomique avant les Allemands. Des sommes colossales sont investies dans le projet « Manhattan », qui se développe dans le plus grand secret, bien qu'il emploie jusqu'à 539 000 personnes. Pendant ce temps, l'Allemagne, dont on redoutait les avancées scientifiques, se montre incapable de maîtriser l'énergie nucléaire. L'une des raisons en est la fuite des cerveaux provoquée par le régime nazi, et notamment l'exode des savants atomistes juifs.
Lorsque la bombe atomique américaine est enfin prête, en juillet 1945, l'Allemagne a déjà capitulé. Mais le Japon continue de résister, infligeant aux forces américaines de lourdes pertes, notamment avec les attaques menées par des kamikazes. Le 6 août 1945, après avoir lancé un ultimatum, les États-Unis larguent une première bombe atomique sur Hiroshima. Elle tue presque instantanément 70 000 personnes, puis provoque autant de morts par irradiation. L'État-major japonais ignore les menaces américaines ; une seconde bombe détruira Nagasaki le 9 août. Il faudra encore attendre l'entrée en guerre de l'Union soviétique contre le Japon, et l'échec d'un coup d'État fomenté par l'armée nippone, pour que l'empereur parvienne à imposer la capitulation de son pays.

Une aïeule bretonnante

Ma grand-mère ne parlait que breton ; et ma mère n'apprit le français qu'en entrant à l'école. Nous passions, mon frère et moi, une partie de nos grandes vacances à la ferme de notre aïeule. C'est ainsi que nous apprîmes à parler breton, en participant aux travaux des champs. La grand-mère n'avait jamais fréquenté l'école et ne parlait que cette langue. « Mange ta soupe ! » et « Travaille ! » furent les seuls mots français qu'on entendît jamais sortir de sa bouche.

Une classe d'enfants sages.

Nos oncles s'efforçaient au contraire de nous parler en français pour ne pas nuire à notre scolarité. L'usage du breton était en effet interdit dans les établissements scolaires. On avait coutume de dire que deux choses étaient punies par-dessus tout dans les cours de récréation : cracher par terre et parler breton.

Cette chasse au breton était un héritage de la Révolution française. Et en particulier de l'abbé Grégoire, qui avait écrit en 1794 un fameux *Rapport sur la nécessité et les moyens d'anéantir les patois et d'universaliser l'usage de la langue française*. Il y proposait d' « extirper cette diversité d'idiomes grossiers qui prolongent l'enfance de la raison et la vieillesse des préjugés. » Il n'avait pourtant aucun mépris particulier pour les Bretons. C'était un intellectuel éclairé, ardent défenseur des minorités, qui s'était mobilisé en faveur des Juifs et des noirs et avait participé à l'abolition de l'esclavage. Mais en tant que révolutionnaire, il avait le souci de « fondre tous les citoyens dans la masse nationale ». Pour cela, il fut l'un des premiers à prôner « l'usage unique et invariable de la langue de la liberté », c'est-à-dire le français.

L'église catholique elle-même finit par s'associer à ce combat puisque les établissements religieux, imitant les écoles publiques, abandonnèrent l'enseignement du breton au début du XXᵉ siècle. À cette époque, le breton restait dominant dans les campagnes et la plupart des paysans ne commencèrent à apprendre le français que pendant la première guerre mondiale, grâce à l'immense brassage qu'entraîna la mobilisation de tous les jeunes Français.

À la même époque, d'autres langues régionales connurent un sort identique aux six coins de l'Hexagone. La langue corse fut préservée par son insularité, tandis que le basque et le catalan bénéficièrent des mouvements autonomistes nés au-delà des Pyrénées. Le breton n'eut pas cette chance, car sa langue sœur, le gallois, connut un déclin comparable jusqu'à ce qu'une loi votée en 1993 – mais restée sans équivalent en France – lui redonne vigueur.

Une cousine en costume traditionnel breton.

La guerre devient froide

En 1947, le gouvernement américain propose une aide financière via le plan Marshall, non seulement à l'Europe de l'Ouest, mais aussi à l'Union soviétique. Mais Staline refuse, bientôt suivi par la Pologne et la Tchécoslovaquie. C'est le début de la guerre froide, qui oppose un bloc communiste se constituant progressivement à l'Est, aux démocraties occidentales, massivement soutenues par les États-Unis. Le premier bras de fer a lieu lors du blocus de Berlin, en 1948. L'année suivante, l'Union soviétique se dote de la bombe atomique, quatre ans après les États-Unis . C'est alors le début de l'« équilibre de la terreur », qui n'empêchera pas l'éclatement de multiples conflits « limités », comme celui de Corée. Cette guerre, qui durera trois ans, sera la guerre la plus meurtrière de la deuxième moitié du XXᵉ siècle.

Les débuts victorieux de la mécanisation de l'agriculture.

Le train du progrès

Dans notre région, au lendemain de la guerre, on parlait autant le français que le breton. Les enfants de la campagne « bretonnaient » entre eux et ceux de la ville ne les comprenaient pas. Si le breton faillit disparaître complètement, ce fut le résultat d'un processus enclenché après la guerre. Les jeunes générations l'abandonnèrent pour entrer dans le monde moderne et prendre le train du progrès. Tout commença par la mécanisation de l'agriculture, avec le plan Marshall et l'arrivée des tracteurs américains, de marque John Deere, Ford, Allis-Chalmers ou International Harvester.

Les travaux des champs s'en trouvèrent transformés. Auparavant, il fallait retourner le foin à la fourche pour le faire sécher. Après la guerre apparurent les râteaux faneurs, d'abord tirés par des chevaux, puis par des tracteurs. Les faucheuses-lieuses prirent la place de nombreux ouvriers qui partirent alors chercher du travail en ville, abandonnant les coutumes paysannes et les langues régionales. L'agriculture française employait encore dix millions de personnes en 1945. Elle remplaça par des machines une grande partie de cette main-d'œuvre, qui fut absorbée par l'industrie et les services tout au long des Trente Glorieuses.

Endimanchés pour un mariage.

Le premier bikini est présenté à la piscine Molitor à Paris, en 1946.

Tout petit bikini

À partir de 1946, alors que le monde est entré dans la guerre froide, les États-Unis entament une nouvelle série d'essais nucléaires sur l'atoll de Bikini, appartenant aux îles Marshall, dans le Pacifique sud. La même année, un couturier français, Louis Réard, lance un maillot de bain deux pièces qu'il dénomme « bikini », avec pour slogan « la première bombe an-atomique ». Le scandale est tel que le bikini est interdit en Espagne, au Portugal, en Italie, en Belgique et en Allemagne, où il n'aura droit de cité dans les piscines qu'à partir des années soixante-dix.

Rêves d’Amérique

À l’école, nous côtoyions des réfugiés espagnols dont les parents avait fui la dictature du général Franco. À nos yeux d’enfants, tout paraissait naturel : aussi bien les Allemands, qui avaient disparu au bout de quelques années, que ces Espagnols dont on ne connaissait pas l’histoire. Le départ de certains de nos camarades pour l’Amérique nous semblait tout aussi banal. Quatre élèves de notre classe partirent pour les États-Unis après la guerre. C’était une sorte de tradition dans notre région : nos camarades émigrants avaient déjà des parents outre-Atlantique. Entre 1880 et 1970, 115 000 Bretons ont rejoint les États-Unis et le Canada, mais aussi l’Argentine.

Le café de l’église

Nos parents étaient catholiques et nous étions baptisés, comme tout le monde. Mais face aux prêtres qui nous enseignaient le catéchisme, nous avions un handicap : le fait de fréquenter l’école publique était généralement mal perçu. Les bons pères nous imposaient donc un examen spécifique avant la communion. Je fus recalé à deux reprises, mais le curé venu faire passer les épreuves, en désespoir de cause, finit par me dévoiler l’ensemble des questions et des réponses, me laissa le temps d’apprendre mon texte, et s’assura ainsi de ma réussite à la troisième tentative. Le jour de la communion solennelle, seules les filles portaient une aube. Les garçons étaient vêtus d’un costume gris. La pratique religieuse de notre famille s’arrêtait là : pour l’école et les loisirs, nous étions laïcs.

Qui sait si nous attraperons de quoi préparer un dîner ?

Après la guerre, ma mère avait repris le café de sa belle-mère, un lieu qui, malgré sa proximité avec l'église, avait la réputation d'être « le café des instituteurs ». C'était un repaire de gens de gauche, à une époque où la mairie était dirigée par un ancien directeur d'école publique. Les enseignants ne venaient au café que pour boire l'apéritif, le samedi et le dimanche. Leurs boissons favorites étaient le Picon, le Byrrh et le Madère.

Pas de petit nouveau dans la famille. Ma mère a trop à faire avec son café et le bébé dans ses bras est un neveu.

Sur un tracteur du plan Marshall. Le progrès en marche...

Les tracteurs du plan Marshall

À la fin de la guerre, la production agricole française a chuté d'un tiers par rapport à 1938. Malgré le retour d'Allemagne des prisonniers et des travailleurs STO, donc de la main-d'œuvre, le gouvernement mise sur la mécanisation de l'agriculture. Mais les usines ne suivent pas encore la demande croissante. En 1945, on fabrique moins de 1 000 tracteurs en France, soit à peine plus de 10 % des besoins. Les ventes vont pourtant grimper en flèche grâce aux importations massives de modèles américains, soutenues par le plan Marshall. La France, qui ne possédait que 35 000 tracteurs et motoculteurs avant la guerre, en comptera plus de 120 000 en 1950. Dans le même temps, le nombre de chevaux de trait diminue rapidement. Il passe de 2 500 000 avant la guerre, à 2 millions en 1956, 1 million en 1966 et 40 000 en 1985.

Le Byrrh et le Picon sont des boissons très appréciées.

Le foyer laïc

Il y avait à cette époque une concurrence permanente entre le foyer laïc, animé par des enseignants de l'école publique, et le patronage, club catholique que l'on appelait, comme dans beaucoup d'autres localités, « La Jeanne d'Arc ». La rivalité entre ces deux mouvances s'aiguisait à l'occasion des compétitions sportives : les rencontres entre les deux clubs de football respectifs étaient considérées comme des derbys âprement disputés. Pour l'occasion, les ouvriers des carrières d'ardoise descendaient de la montagne et soutenaient le club laïc. Chaque but marqué ou encaissé donnait lieu à une ruée vers la buvette, pour célébrer une promesse de victoire ou pour noyer la déception. Autant dire que les retours de matches étaient laborieux.

À l'âge de neuf ans, j'entrai dans la fanfare du foyer laïc pour y jouer du clairon, de la trompette et du cor de chasse. Nous portions un uniforme tricolore : pantalon bleu, chemise blanche, béret et cravate rouge. Notre ensemble animait les kermesses et défilait le 14 juillet avant de donner la sonnerie aux morts devant les anciens combattants et leurs porte-drapeaux. Le clairon résonnait après un roulement de tambour, dans un cérémonial qui avait été inspiré par celui de l'armée américaine et introduit devant la tombe du soldat inconnu en 1931.

Après la Libération, le foyer laïc organisa des colonies de vacances. Durant la première, nous fûmes transportés en camion et hébergés sous une grande tente de l'armée américaine. Un côté était réservé aux filles, l'autre aux garçons. Nous dormions sur des couettes que nous bourrions de paille pour en faire des matelas. Les colonies étaient l'occasion de grandes découvertes : certains d'entre nous n'avaient jamais vu de toilettes, d'autres ignoraient l'usage – et peut-être même l'existence – de la brosse à dent... Les colonies de vacances, qui avaient fleuri au moment du Front populaire sous l'impulsion de Léo Lagrange, furent relancées et presque généralisées après la guerre. L'État instaura le premier diplôme de moniteur en 1946. Après des premières aventures sous la tente, les enfants furent accueillis dans des établissements scolaires. Pierre Perret avait onze ans à la Libération, mais sa chanson écrite vingt ans plus tard n'est pas autobiographique : ses parents ne l'envoyèrent jamais en colonie.

Du gibier à nouveau !

Le pain blanc

La Libération n'avait pas mis fin aux restrictions. Il fallut attendre 1949 pour voir disparaître complètement les tickets de rationnement. Mais la fin des réquisitions imposées par les Allemands avait tout de même permis une

Avec mon frère : à l'école, on nous interdisait de parler breton.

Le retour tant attendu du pain blanc.

amélioration de la situation alimentaire. Élevé au pain noir pendant toute la guerre, je dus attendre l'âge de six ou sept ans pour manger ma première tartine de pain blanc. Ce fut un tel bonheur que je n'en ai jamais oublié le goût.

La fin de la guerre avait également fait réapparaître le gibier dans nos assiettes. Mon père, excellent fusil, nous utilisait comme rabatteurs : nous escaladions les talus en suivant ses chiens. Après des années d'interdiction de toute forme de chasse au fusil, le gibier foisonnait. On traquait le lièvre, le lapin, la perdrix et la bécasse. Les faisans n'avaient pas encore été introduits dans la région, mais les tableaux de chasse étaient tout de même impressionnants, et notre mère vendait une partie du gibier abattu dans son épicerie.

1949-1952

Lutins et baleines

Derrière l'apparente assurance de l'adolescent, une timidité écrasante.

Pont des lutins

Nos jeux d'enfants ne coûtaient pas un sou. À l'arrivée des beaux jours, nous partions en bandes, chaque jeudi, vers des terrains de jeux situés à quelques kilomètres de la ville. Nous suivions la voie ferrée en prenant garde à ne pas poser le pied sur une vipère ou

Chronologie

1949
Sortie de *La Charge héroïque*, de John Ford, avec John Wayne.

2 mars 1949
Suppression des tickets de rationnement et du Haut Commissariat au ravitaillement.

1er octobre 1949
Les communistes, emmenés par Mao Zedong, prennent le pouvoir et proclament la République populaire de Chine.

1950
Lancement par le baron Bich du stylo à bille Bic, qui devient le premier objet de consommation jetable.

11 février 1950
Instauration en France du Salaire minimum interprofessionnel garanti (SMIG).

25 juin 1950
Déclenchement de la guerre de Corée.

5 avril 1951
Les époux Rosenberg, accusés d'espionnage au profit de l'Union soviétique, sont condamnés à mort à la suite de la campagne anticommuniste menée par le sénateur Mc Carthy.

18 avril 1951
Création de la Communauté européenne du charbon et de l'acier (CECA), qui servira de base au Marché commun.

28 octobre 1951
Fangio devient champion du monde de Formule 1.

1952
Le Tchèque Emil Zatopek devance à deux reprises le Français Alain Mimoun dans le 10 000 mètres, puis dans le 5 000 mètres des Jeux olympiques. Il décide alors de courir pour la première fois le marathon, et décroche une troisième médaille d'or.

16 octobre 1952
Le paysan français Gaston Dominici est accusé du meurtre de la famille Drummond. Il sera gracié en 1960 par le général de Gaulle.

1er novembre 1952
Les États-Unis font exploser la première bombe H.

Du 7 au 8 décembre 1952
L'assassinat de Farhat Hached, l'un des chefs de file du Mouvement national tunisien, par une organisation armée française, entraîne un soulèvement dans tout le pays.

Nos setters anglais ont fait des petits.
La chasse sera bonne.

une couleuvre : les reptiles, qui aimaient se réchauffer sur le ballast entre les rails, étaient notre seule crainte. Nous dépassions le lieu-dit « Pont des lutins » pour rejoindre un « étang-ruisseau » où nous nous baignions. Nous y passions des après-midi entières, tantôt plongeant, tantôt battant la campagne à la recherche de nids de merles, de grives, de pinsons et d'autres oiseaux. Je collectionnais les œufs, n'en gardant qu'un de chaque espèce. Puis, le passage du train

Petite sœur en grande tenue de communiante.

nous avertissait de l'heure du retour. En effet, aucun d'entre nous ne possédait de montre, objet de luxe que seuls les plus chanceux se faisaient offrir. Le plus souvent, il leur fallait attendre pour cela la communion solennelle.

L'attaque du train

Au cinéma, nous aimions par-dessus tout les films d'aventure. Errol Flynn nous fascinait, qu'il soit Robin des bois, cuirassier, mousquetaire ou corsaire. Mais nous étions encore plus attirés par les westerns. Notre cœur balançait entre *La Poursuite infernale* (1946), *La Charge héroïque* (1949), *L'Homme des vallées perdues* (1953) ou encore *La Prisonnière du désert* (1956). John Wayne et Gary Cooper étaient nos héros, et leurs films nous

Errol Flynn était l'un de nos héros.

Et tandis que les jeunes hommes attaquent des trains,
on célèbre la vertu des jeunes filles en élisant une rosière.

inspiraient des jeux grandioses. Le soir après l'école, ou le jeudi, nous organisions « l'attaque du train ». Ce n'était pas tout à fait un jeu, car nous passions véritablement à l'attaque. Avant chaque assaut, pour tester notre adresse au lance-pierres, nous visions les isolateurs de verre situés au sommet des poteaux électriques qui bordaient la voie ferrée. Puis, embusqués sur un talus, dans une courbe de la voie ferrée, nous guettions le passage du convoi, armés de lance-pierres et d'un « fusil à baleines », sorte d'arbalète qui propulsait des armatures de parapluie en guise de flèches. Lorsque le train arrivait, nous l'arrosions copieusement de nos projectiles avant de décamper.
Certains wagons en bois ont emporté jusqu'au terminus des flèches témoignant de nos assauts. C'est un miracle si nous n'avons jamais blessé aucun voyageur.

Hollywood envahit la France

En 1946, les États-Unis imposent, en échange d'une remise de dette, le libre accès des films américains au marché français. Désormais, le cinéma de Hollywood va s'imposer. Pendant la décennie de l'après-guerre, huit fois sur dix, le film le plus vu en France sera un film américain. Le public fait même un triomphe à des films sortis aux États-Unis plusieurs années auparavant, comme Le Dictateur *de Charlie Chaplin, achevé en 1940 et distribué en France en 1945. De même,* Autant en emporte le vent, *qui date de 1939, ne sort sur les écrans français qu'en 1950, ce qui ne l'empêchera pas d'atteindre 16 millions d'entrées. C'est aussi la grande époque des westerns (*La Charge héroïque, Le Train sifflera trois fois, Winchester 73*) et le début des peplums (*Samson et Dalila*). Le cinéma populaire français souffre de la concurrence, mais il relève la tête en 1952 avec* Le Petit Monde de Don Camillo *où un Fernandel en soutane affronte Gino Cervi, maire communiste d'un petit village italien.*

John Wayne dans L'Ange et le Mauvais Garçon.

Le Dictateur, *de Charlie Chaplin, sorti aux États-Unis en 1940, n'a été projeté en France qu'après la guerre.*

Le coq et la baleine

Le fusil à baleines avait été fabriqué par mon grand-père, complice de nos jeux, ce qui ne faisait qu'augmenter notre audace. Un jour, au début des grandes vacances, je décidai de tester l'arme sur des passereaux. Mais l'engin n'avait pas la précision requise pour atteindre des cibles aussi petites. Après avoir longé le pensionnat de jeunes filles, j'atteignis une ferme tenue par des religieuses, où j'eus l'idée de tenter ma chance sur une volaille de la basse-cour. N'apercevant aucun témoin, j'alignai une belle poule grise. La baleine rata sa cible mais vint se planter dans la tête d'un superbe coq qui se mit à galoper droit devant lui, semant la panique dans le poulailler. Il emportait l'arme du crime, fichée dans sa tête sanguinolente, et cette pièce à conviction pouvait me coûter fort cher... Posant mon fusil, j'engageai une poursuite et parvins à récupérer ma baleine sans être vu. Quelques instants plus tard, j'avais rejoint l'atelier paternel où je cachai le fusil sous des copeaux de bois. J'ignore si le coq a survécu.

Batailles de glands

Je n'étais pas le seul à affectionner le tir et les projectiles : la plupart de mes camarades maniaient le lance-pierres en prenant pour cible des écureuils, des merles ou des grives. On se livrait aussi, entre bandes de rues ou de quartiers, à des batailles rangées qui étaient régies par des règles strictes. Plutôt que des cailloux, nous utilisions des glands ou des châtaignes. Nous observions

Deux jeunes paysannes venaient parfois aider au café, ce qui ne manquait pas d'attirer un supplément de clientèle masculine.

Mon père et sa bande de conscrits en 1951.

également un certain protocole : une bande lançait un défi à l'autre, puis on délimitait un champ de bataille, et on ouvrait le feu. Nos duels d'artillerie étaient dignes de ceux des Longevernes et des Velrans dans *La Guerre des boutons*, même si notre vocabulaire n'était pas aussi riche.

Mais de nos combats acharnés, nous n'avons gardé qu'une séquelle : une profonde nostalgie qui nous a poursuivis jusqu'à nos vieux jours. Nostalgie de ce que Louis Pergaud avait si justement appelé « notre vie enthousiaste et brutale de vigoureux sauvageons, libérée des hypocrisies de la famille et de l'école ».

Ouvrier agricole

Je continuais à passer une partie des grandes vacances à la ferme. Chaque matin, l'un de mes oncles, debout avant tout le monde, se rendait aux champs pour faucher un carré de trèfle et en nourrir les bêtes confinées à la ferme. Pendant ce temps, j'aidais un autre oncle à harnacher le cheval et à préparer l'attelage. Nous allions ensuite remplir la charrette avec le trèfle fauché.

À la fête de notre petite ville, un groupe de copains qui resteront très longtemps solidaires.

Puis nous rentrions à la ferme, en ramenant pour la traite du matin les vaches ayant passé la nuit dans les prés.

Pendant ce temps, mon troisième oncle avait préparé la pitance des veaux récemment sevrés, en mélangeant du son avec du lait issu de la traite de la veille. Après avoir rentré les vaches à l'étable et conduit le cheval à l'écurie, je pouvais enfin rejoindre la maison pour le petit-déjeuner. Ce repas copieux était composé d'une soupe au lait dans laquelle baignaient de fines tranches de pain, et d'un grand bol de café accompagné de tartines découpées dans un pain de six livres et beurrées à souhait. Nous grandissions peu à peu : certains poursuivaient leurs études, d'autres entraient dans le monde du travail. Et nous reformions parfois nos bandes pour aller danser au bal...

Pas mondain pour deux sous, Georges Brassens assiste pourtant à une première aux côtés de Martine Carol...

Le gorille est un luron supérieur à l'homme

« Gare au gorille » est la première chanson qu'enregistre Georges Brassens. Lors de sa sortie sur disque 33 tours en 1952, elle fait scandale : le Comité d'écoute de la Radiodiffusion télévision française l'interdit d'antenne pour « obscénité ». Il est vrai qu'il y est question du viol d'un juge partisan de la peine de mort par un gorille échappé d'un cirque. Il faudra attendre la création d'Europe 1, trois ans plus tard, pour pouvoir entendre cette chanson à la radio.
Brassens avait écrit un premier texte où apparaissait le personnage du gorille lorsqu'il se trouvait lui-même en Allemagne, dans le cadre du Service du travail obligatoire, pendant la guerre. C'est en 1948 qu'il composera la chanson dans sa version définitive, et censurera lui-même un dernier couplet, qui invitait les magistrats à changer de métier.
Plus encore que le message abolitionniste et anarchiste de la chanson, c'est son côté paillard qui a longtemps effrayé les bien-pensants. Brassens soutient en effet que « le gorille est un luron / supérieur à l'homme dans l'étreinte, / bien des femmes vous le diront ! » Il n'hésite pas non plus à suggérer le viol du juge, qui « au moment suprême, / criait : "maman", pleurait beaucoup, / comme l'homme auquel, le jour même, / il avait fait trancher le cou. »

Un mur de timidité

Les grandes vacances n'étaient qu'une parenthèse : quelle que soit l'énergie dépensée dans les jeux et les travaux champêtres, mon ardeur retombait comme un soufflé au moment de la rentrée scolaire. J'étais mauvais élève. Non par paresse, mais par manque de confiance en moi : « Je n'y arriverai jamais » était ma devise. Non content d'être défaitiste, j'étais dévoré par la timidité, au point de rester paralysé lorsque le maître m'interrogeait. C'est ainsi que j'ai multiplié les redoublements, jusqu'à mon entrée en classe de certificat d'études à l'âge de quatorze ans.

Cette maudite timidité me poursuivait hors de l'école : devant la vitrine d'un libraire, j'étais un jour tombé en arrêt devant un livre intitulé *L'Opération Jéricho*. Écrit par le colonel Rémy, héros de la Résistance, il racontait un raid aérien opéré en 1944 par la Royal Air Force, qui avait bombardé la prison d'Amiens. Le colonel Rémy avait été l'un des premiers à rejoindre le général de Gaulle à Londres. Nous étions alors marqués par le souvenir des avions de chasse qui avaient tant survolé notre région et qui étaient pour nous l'image même de la guerre. Fasciné par ce livre, je voulais l'acheter avec mon argent de poche, mais jamais je ne parvins à franchir le seuil de la boutique.

Premières copines, premiers flirts à peine esquissés.

Reprise en main

En classe de certificat d'études, un maître d'école s'intéressa à moi pour la première fois. Malgré mes résultats consternants, il refusait d'admettre que je puisse être à ce point voué à l'échec. À la surprise générale, il parvint à me faire remonter la pente et me présenta à l'examen.

On passait alors le certificat au bout d'une année de classe de fin d'études primaires, juste après le cours moyen. La plupart des élèves quittaient le système scolaire à ce stade. Mais l'enseignant qui avait organisé mon sauvetage me permit d'entrer au collège, et d'obtenir des résultats honorables jusqu'en quatrième. Je pouvais alors viser le brevet, mais mes redoublements du primaire m'avaient fait perdre trop de temps et je devais désormais songer à gagner ma vie.

Pour la plupart des enfants de ma génération, le baccalauréat était un objectif inaccessible : moins d'un élève sur dix parvenait à le décrocher (contre deux sur trois aujourd'hui). C'est donc de mon plein gré que je décidai de quitter l'école. Je partis la tête haute, songeant que j'aurais pu continuer, mais que le temps me manquait.

1953-1956

Prendre le large

Au bal du samedi soir...

Le collège des filles

Si les écoles n'étaient toujours pas mixtes, nous entretenions des relations suivies avec le collège des filles. En tant qu'externe, j'étais chargé de porter quantité de billets doux d'un établissement à l'autre. Ma propre « petite amie » terminait toutes ses lettres par « celle qui t'aime et ne pense qu'à toi ». C'était surtout un exercice de style, car quand nous parvenions à nous voir, nous ne trouvions vraiment rien à nous dire.

Chronologie

21 février 1953
Deux jeunes chercheurs anglo-saxons, James Watson et Francis Crick, découvrent la structure de l'ADN.

5 mars 1953
Mort de Staline ; les bousculades lors de ses funérailles font plusieurs centaines de morts.

26 juillet 1953
Louison Bobet remporte son premier tour de France ; il récidivera en 1954 et 1955.

7 mai 1954
Défaite de l'armée française à Diên Biên Phu face au Vietminh (ligue pour l'indépendance du Vietnam), et première diffusion de la chanson de Boris Vian « Le Déserteur ».

17 mai 1954
L'arrêt Brown versus Board of Education de la Cour suprême des États-Unis ordonne la fin de la ségrégation raciale dans les écoles. Cette loi sera difficile à faire respecter : le 24 septembre 1957, neuf jeunes noirs seront expulsés de l'établissement scolaire de Little Rock.

1er novembre 1954
Une vague d'attentats marque le début de la guerre d'Algérie.

1955
Lancement de la Citroën DS.

11 juin 1955
Carnage aux Vingt-quatre heures du Mans, où un bolide est projeté sur la foule : 82 morts.

12 avril 1956
Une rallonge de service militaire est imposée aux « rappelés » envoyés en Algérie.

4 novembre 1956
Début de l'écrasement de l'insurrection hongroise par l'Armée rouge.

5 novembre 1956
Déclenchement de l'expédition de Suez, menée par les armées française, britannique et israélienne, pour empêcher la nationalisation du canal de Suez. Les assaillants sont obligés de se retirer sous la pression des États-Unis et de l'Union soviétique. Le colonel Nasser, chef de l'État égyptien, triomphe.

1er décembre 1956
Alain Mimoun remporte le marathon des Jeux olympiques de Melbourne.

Il est un âge où il faut sortir de soi-même.

Beaucoup de lettres qui m'étaient confiées conviaient à des rendez-vous : telle fille proposait par exemple à tel garçon « une promenade sentimentale ». Je fus un jour piégé par la directrice du collège des filles, et mon professeur de français intervint en ma faveur : si coupable soit-elle, mon activité de « petit télégraphiste » ne méritait pas un tel courroux car, selon lui, « elle ne nuisait pas à mes études ».

Une bouteille de trop

Si mes relations avec mon père se tendaient à mesure que je grandissais, il n'y eut qu'un seul éclat entre nous. J'avais alors seize ou dix-sept ans. Mes parents avaient des invités pour le déjeuner, et à la fin du repas, les adultes burent du champagne. Après avoir fini la bouteille, mon père, de joyeuse humeur, voulut en servir une seconde. Ma mère, soucieuse de la bonne tenue de son mari autant que des comptes du ménage, s'y opposa. Sitôt les invités partis, mon père déclencha une scène de ménage : pour la première fois, je m'interposai. Le face-à-face tourna court car il était estomaqué, n'imaginant pas que je puisse lui tenir tête. Quelques instants après, nous nous réconciliâmes autour d'un café. « À la tienne ! » lui dis-je, pour meubler la conversation. J'entends encore sa réplique, dont l'ironie était sans doute involontaire : « On ne trinque pas avec du café ! »

Bal à la fête de l'Humanité en 1954.

Bals musettes et surboums

Ma passion à moi, c'était la musique. Nous dansions dans des « surboums » organisées entre copains. Certains d'entre nous possédaient un électrophone et des disques des Platters. Il nous arrivait d'affréter un car pour aller au bal à dix ou quinze kilomètres. Parfois, le chauffeur ne quittait pas la buvette de la soirée et, à l'heure du retour, c'était l'un de nous qui prenait le volant.

Notre groupe avait bonne réputation, car notre manque de moyens nous laissait sobres et nous n'étions pas bagarreurs. Pour cette raison, certains patrons de salles de danse nous offraient des entrées gratuites. Les orchestres jouaient pour tous les goûts. Nous étions surtout portés vers les musiques d'Amérique : jazz, rock et cha-cha-cha. Mais pour danser avec les filles d'autres groupes, il nous fallait aussi apprécier André Claveau, Édith Piaf, ou Georges Jouvin, « l'homme à la trompette d'or ».

Quand nous ne dansions pas, nous allions au cinéma. Nous étions encore passionnés de westerns, mais les comédies nous attiraient de plus en plus. Nous avions un faible pour Eddie Constantine et nous aimions répéter sa réplique tirée de *La Môme vert-de-gris* : « Tu embrasses comme une saucisse. »

Le fils du boucher est venu nous ravitailler pendant l'escapade.

Camping sauvage à l'insu des parents.

« Que Monsieur retourne chez lui ! »

Une année, les vacances me donnèrent l'occasion d'une fugue : au lieu de rejoindre la ferme de ma grand-mère, je partis camper avec un copain au bord de la mer. Nous avions fait le trajet à vélo, sans prévenir personne, et nous fûmes ravitaillés par un camarade fils de boucher qui avait réussi à détourner quelques pièces de viande du commerce paternel. Au bout d'une semaine, nous rentrâmes au bercail. À la ferme de la grand-mère, mon absence en pleine moisson équivalait à une désertion. L'aïeule, en me voyant arriver, me signifia mon congé en deux phrases assénées en breton : « Monsieur est arrivé du bord de la mer ? Que Monsieur retourne chez lui ! » J'étais d'autant plus honteux que le vélo qui avait servi à mon escapade avait été acheté grâce à la générosité de ma grand-mère et de mes oncles : l'été précédent, ils avaient récompensé mon travail de moissonneur par un billet de 20 000 francs.

Les apprentis chaudronniers devant leurs œuvres.

La solitude du chaudronnier

Après la classe de quatrième, mon âge avancé m'avait décidé à rejoindre un centre d'apprentissage (l'équivalent de ce qu'on appelle aujourd'hui lycée professionnel). Je partis en pension, pour apprendre le métier de chaudronnier. On nous faisait marteler des tôles d'acier, d'aluminium et de cuivre pour confectionner toutes sortes d'objets utilitaires. Il nous arrivait aussi de fabriquer des louches par emboutissage. La plus grande œuvre réalisable par un chaudronnier est la confection d'une coque de bateau : beaucoup d'entre nous se destinaient donc aux chantiers navals.

Parmi les jeunes femmes de notre classe d'âge, beaucoup deviendront dactylos.

Parmi tous les élèves, j'étais celui qui était le plus éloigné de sa famille, et il m'arrivait de passer trois mois sans retourner chez mes parents. Nous n'étions qu'une poignée d'internes à passer tous nos week-ends au centre. Nous allions souvent à la rivière ramasser des huîtres sauvages, mais les distractions manquaient, faute d'argent.

Avant 1959, l'école n'était obligatoire que jusqu'à quatorze ans. Beaucoup de mes camarades de collège étaient donc entrés en apprentissage à cet âge-là, mais la plupart avaient été placés chez des patrons. Il ne recevaient donc aucun enseignement général. Quant à leur formation professionnelle, elle se limitait parfois à l'art de servir le vin rouge aux ouvriers.

Avec les camarades du centre d'apprentissage.

Parmi les camarades que j'avais laissés au collège, beaucoup quittèrent par la suite la région pour devenir ingénieurs, enseignants, ou même coureur cycliste pour l'un d'entre eux, à qui il arriva de battre Jacques Anquetil et Louison Bobet. Une autre de mes connaissances prit la décision d'aller travailler temporairement aux États-Unis pour accumuler un petit capital et s'acheter un camion à son retour en France. Celui-là ne revint jamais, sauf pour de brèves vacances. Mais des camions, il en eut plus que dans ses rêves, ayant fait fortune dans le New Jersey en tant que vidangeur.

Quant aux filles, l'après-guerre leur avait ouvert de nouveaux horizons professionnels. Après la régression du régime de Vichy qui avait, pendant un temps, interdit les emplois publics aux mères de famille, les gouvernements d'après-guerre avaient supprimé la notion de travail féminin, puis de salaire féminin. Les femmes, désormais électrices, avaient accès à n'importe quel travail et à un salaire égal à celui des hommes – du moins selon la loi. En effet, les branches professionnelles ouvertes aux femmes demeuraient limitées : certaines devenaient commerçantes ou agricultrices dans le commerce ou l'exploitation de leur mari, d'autres frayaient leur voie en étant sténodactylos ou couturière. Et dans les emplois mixtes, les salaires différaient franchement selon les sexes...

L'animalité du rock

Au milieu des années cinquante, alors qu'Elvis enregistre ses premiers albums à Memphis et que Bill Haley sort son « Rock around the clock », le rock'n'roll est encore inconnu en France. C'est alors le jazz qui triomphe auprès d'une jeunesse avide de musique « moderne » et de sensations fortes. En octobre 1955, lorsque Sidney Bechet donne un concert gratuit à l'Olympia, le service d'ordre doit refouler 2 000 personnes. Pendant le spectacle, l'ambiance est tellement survoltée que l'on comptera 200 fauteuils brisés et 2 millions de francs de dégâts. La même année, à propos d'une tournée de Louis Armstrong, Paris Match *évoque sous le titre « Une trompette qui fait rage », une « mystérieuse épidémie de trépignements ».*
C'est avec les Platters que la jeunesse française va découvrir le rock. Only you, *sorti aux États-Unis en 1955, sera le premier disque vendu à un million d'exemplaires en France. Il faut attendre l'été 1956 pour trouver à Paris les premiers disques d'Elvis Presley.* L'Express *ne retient alors du futur « King » que « l'œil bovin et la bouche tordue », rejoignant ainsi les ligues de vertu américaines qui voient dans son jeu de scène un « déchaînement hystérique de l'animalité ». Les jeunes Français, qui n'ont pas encore eu la possibilité de voir Elvis à la télévision, ne connaissent pas le fameux déhanchement suggestif, qui lui a valu le surnom « Pelvis ».*
En 1956, Michel Legrand revient d'une tournée aux États-Unis, dont il rapporte quelques albums de rock. Il fait découvrir cette musique à Boris Vian, à qui l'aspect sensuel de ce phénomène n'a pas échappé. Mais pour lui, « cela fonctionne surtout sur le public très jeune des USA, empêtré de tabous sexuels qui existent moins en Europe. Le côté "exutoire" du rock'n'roll n'a pas de raison d'être en France. »
Bien décidé à tourner en dérision cette musique qui fait trépigner la jeunesse américaine, Boris Vian compose, rien qu'en 1956, une vingtaine de chansons qui figureront sur les tout premiers albums de rock français. Parmi elles, « Va t'faire cuire un œuf, man ! » et « Rock'n'roll mops » sont enregistrées par Henri Salvador sous le pseudonyme de Henry Cording. La même année, Magali Noël chante le fameux rock sado-masochiste « Fais-moi mal, Johnny ». Mais Boris Vian ne prend toujours pas au sérieux cette « musique baroque construite de bric et de broc » : dans une chanson écrite, toujours en 1956, pour la chanteuse Peb Roc, on trouve : « Rock y en a marre / arrête un peu ton tintamarre. »

Dès que le chaperon a le dos tourné, les souris se racontent leurs secrets.

Le temps des secrets

Au village, nous étions plusieurs de notre classe d'âge à avoir le même confident : Pierrot, qui avait six ou sept ans de plus que nous. Grabataire depuis qu'il était tombé d'un cerisier, à quatorze ans, il avait fait un pèlerinage à Lourdes qui ne lui avait pas rendu ses jambes. Cloué au lit, il passait beaucoup de temps à sculpter : il avait fourni une Marianne à la mairie, ainsi que des statues de Vierge et de saints à l'église. Mais son activité principale était d'écouter nos récits, nos soucis et nos secrets. Il colportait ensuite avec humour celles de nos histoires qui lui paraissaient banales et sans conséquences, mais il ne dévoilait jamais les authentiques confidences. À la Saint-Pierre, nous sortions son lit dans la rue et nous allumions un grand feu en son honneur.

Pierrot, sculpteur sur bois et précieux confident, n'a plus quitté son lit depuis le terrible accident de ses quatorze ans.

Un dimanche à la campagne.

Bien des années après, appelé en Algérie et devenu matelot sur un bateau de guerre, je lui écrivais de très longues lettres. L'une d'elle me revint avec un petit message d'une camarade qui, travaillant à la poste, avait intercepté mon courrier. Elle m'apprenait que Pierrot était mort sur le lit où nous l'avions toujours connu, parti en emportant tous nos secrets.

1956 : la casbah d'Alger sous le contrôle de la police militaire.

La « pacification » en Algérie

Après la sanglante répression des émeutes de Sétif et Guelma en 1945, le général Duval, qui a dirigé les opérations, a prévenu les Européens d'Algérie : « Je vous ai donné la paix pour dix ans. Mais il ne faut pas se leurrer. Tout doit changer en Algérie. » Neuf ans plus tard, c'est loin d'être le cas. Les électeurs musulmans sont dix fois plus nombreux que les Européens, mais ils n'élisent que la moitié des députés. Et c'est toujours trop aux yeux de l'administration qui, pour maintenir le statu quo, truque les élections de 1948, 1951 et 1954.

En 1954, à la Toussaint, une série d'attentats marque le début de l'insurrection. Des dizaines de milliers d'Algériens rejoignent les maquis du Front de libération nationale (FLN). En août 1955, plus de 100 personnes, dont une majorité d'Européens, sont massacrées près de Philippeville. La répression fait – officiellement – 1 273 morts et pousse de nombreux « musulmans modérés » dans les bras du FLN.

Un mois plus tard, le gouvernement de Guy Mollet décide de rappeler des dizaines de milliers de soldats du contingent qui croyaient en avoir fini avec le service militaire. Bien le gouvernement ne parle que d'« opérations de pacification », c'est le véritable début de la guerre d'Algérie.

En 1956, les affrontements s'étendent à Alger à la suite d'une provocation. Un groupe d'extrémistes partisans de l'Algérie française fait exploser une bombe rue de Thèbes, dans la casbah d'Alger, tuant seize personnes. En réponse, le FLN multiplie à son tour les attentats, notamment avec des commandos dirigés par Ali la pointe. Par la suite, l'usage de la torture se généralisera au cours des interrogatoires menés par l'armée française.

Albert Camus écrit, en cette année 1956 : « Chacun s'autorise du crime de l'autre pour aller plus avant. »

Maudit scooter

En 1956, un camarade du centre d'apprentissage passa avec succès son CAP de diéséliste. Le diplôme en poche, il devait embarquer sur le bateau de pêche que venait d'acheter son père. Il revenait du centre d'examen à l'arrière d'un scooter conduit par un ami. Excitation, imprudence, relâchement après la tension des épreuves ? Les deux garçons vinrent s'encastrer entre un mur et un poteau électrique. Mon camarade mourut sur le coup. Son ami garda de graves séquelles. Le film *La Fureur de vivre* était sorti peu de temps avant, et James Dean s'était tué à l'automne 1955 au volant de sa Porsche. « Il faut, disait-il, vivre vite, mourir jeune, faire un beau cadavre. » Au cours de cette année 1955-1956, lorsque je retrouvais mes anciens camarades de collège, nous dansions sur le morceau « Rock around the clock » de Bill Haley. Cette musique

Un surveillant du centre de formation, grand frère dont la moto nous faisait rêver.

endiablée avait été rendue célèbre par le film *Graine de violence*, qui mettait en scène un lycée professionnel comme le mien, avec des adolescents qui ne pensaient qu'à s'étourdir en attendant de partir au service militaire. Les jeunes Américains avaient un avantage sur nous : aucune guerre ne les attendait, le conflit du Vietnam n'ayant pas encore éclaté. Nous avions, quant à nous, une destination toute trouvée : l'Algérie. En cette année 1956, le gouvernement avait engagé massivement le contingent dans cette guerre qui ne disait pas son nom. En avril, la durée du service militaire avait été portée à vingt-sept mois, et ceux qui se croyaient quittes avaient été rappelés. Dix-neuf d'entre eux, tombés dans une embuscade à Palestro, avaient été abattus, puis mutilés. Nous n'avions aucune envie de prendre le même chemin. Mais désormais, plus de 470 000 hommes seraient déployés en permanence dans le pays, et tandis que les attentats se multipliaient et que la guérilla éclatait, nous savions que beaucoup d'entre nous ne pourraient échapper à ce qu'on appelait encore « la pacification en Algérie ».

Nous étions jeunes et larges d'épaules... Mais la mort a fauché l'un d'entre nous.

Sur le quai avec une tendre amie. Elle ne sait pas, ni moi non plus, que je vais, un jour prochain, prendre le large...

À bon port

Après avoir obtenu leur diplôme, beaucoup de mes camarades partaient travailler sur des chantiers navals. Il y avait là des milliers d'ouvriers, une fourmilière humaine affairée autour de gigantesques coques. Au lieu d'être fasciné, j'étais, pour ma part, intimidé et même effrayé par cette perspective. Je choisis donc plutôt d'embarquer sur un navire de commerce, où un matelot capable de travailler le fer ne pouvait qu'être apprécié, puisqu'il y avait toujours des réparations à effectuer à bord.

Arrivé à la gare de Caen, où je devais embarquer, je demandai à un taxi de me conduire à l'hôtel le plus proche du port. On me trouva une couchette dans une « antichambre » qui était en fait un vaste couloir. De nombreux voyageurs dormaient pêle-mêle. On entrait et on sortait à toute heure. On enjambait les voisins pour se lever ou se coucher. Étrange atmosphère. Mais c'était sans importance puisque, le lendemain même, j'allais prendre le large.

Un siècle plus tôt, Victor Hugo avait déjà tout dit : « J'avais donc dix-huit ans ! j'étais donc plein de songes ! / L'espérance en chantant me berçait de mensonges. / [...] Que vous ai-je donc fait, ô mes jeunes années ! / Pour m'avoir fui si vite et vous être éloignées... »

Souvenez-vous de vos **premières années...**

Nous, les enfants de...

66 titres, **de 1923 à 1988**, sont **déjà disponibles !**

Grandir à...

Notre ville d'origine est unique au monde !

Avec cette nouvelle collection, **retrouvez votre enfance et votre adolescence** dans le lieu qui vous a vu grandir.

De nombreux autres titres sont en préparation. Pour plus d'informations, retrouvez-nous sur notre site : **www.editions-wartberg.com**

Éditions Wartberg
40, rue de l'Échiquier
75010 Paris

Diffusion – Distribution SOFEDIS
11, rue Soufflot
75005 Paris
Tél. 01.53.10.25.25, Fax 01.53.10.25.26